André LAOUBAÏ

LA VERITE TRIOMPHALE

André LAOUBAÏ

LA VERITE TRIOMPHALE

L'Univers inoxydable, une matérialisation de la Vérité
immuable et invisible

Éditions Croix du Salut

Imprint
Any brand names and product names mentioned in this book are subject to trademark, brand or patent protection and are trademarks or registered trademarks of their respective holders. The use of brand names, product names, common names, trade names, product descriptions etc. even without a particular marking in this work is in no way to be construed to mean that such names may be regarded as unrestricted in respect of trademark and brand protection legislation and could thus be used by anyone.

Cover image: www.ingimage.com

Publisher:
Éditions Croix du Salut
is a trademark of
Dodo Books Indian Ocean Ltd. and OmniScriptum S.R.L publishing group

120 High Road, East Finchley, London, N2 9ED, United Kingdom
Str. Armeneasca 28/1, office 1, Chisinau MD-2012, Republic of Moldova, Europe
Managing Directors: Ieva Konstantinova, Victoria Ursu
info@omniscriptum.com

Printed at: see last page
ISBN: 978-613-7-36893-0

AVERTISSEMENT AUX LECTEURS

Un lecteur m'a dit un jour :

« Vous devrez écrire, aux premières pages de tous vos ouvrages, cet avertissement aux lecteurs : **Assurez-vous d'avoir un cœur solidement suspendu avant de lire ce livre. Et lisez jusqu'à la fin avant d'en juger** *».*

Puis il a ajouté :

« Quand j'ai commencé à lire vos trois premiers livres, si vous étiez à côté de moi, je vous aurais déchiré. Je me demandais à tout instant : pour qui ce type-là roule-t-il ? Mais en avançant dans la lecture, je découvre que tout le monde est concerné, y compris lui-même l'auteur ».

Et enfin, il a conclu :

« Ce sont des livres qui contiennent des vérités qui blessent et qui soignent ».

REMERCIEMENTS

Je remercie Silvia Frunza du lectorat des Editions Universitaires Européennes qui, alors que j'étais au bord du découragement, m'a poussé, par ses conseils, exhortations et encouragements, à reprendre la plume pour produire ce dixième livre de mon album.

PREFACE

Il n'est pas fréquent de croiser un livre qui d'emblée confronte le lecteur à des questions d'une telle ampleur universelle et l'invite à plonger dans l'abîme des concepts aussi fondamentaux que perturbants que sont : la Vérité, le mensonge et les gouvernances mondiales.

Etant un proche-parent de l'auteur, je peux témoigner de la passion et de la rigueur qui l'ont animé tout au long de la rédaction de cet impressionnant bouquin. Il ne s'agit pas simplement d'un essai, ni même d'un pamphlet. C'est une réflexion sur la nature humaine, sur le pouvoir et les forces occultes qui, de l'antiquité à nos jours, guident les destinées des peuples sombrés dans le mensonge sous toutes ses formes.

Ce livre mérite d'être lu par tous, car le lecteur y trouvera quelque chose de nouveau et de bon. Le plus important est l'invitation lancée à la réflexion et à un choix raisonné entre deux Chefs mondiaux qui, de tout temps, dirigent indépendamment l'humanité depuis le monde invisible, l'un par la vérité pure et l'amour, l'autre par le mensonge total et la méchanceté absolue, à l'insu des humains.

Elvis-Pradel-NGUINGANDJI,

Elève Avocat, Cabinet REMBETY.

INTRODUCTION

L'Univers, l'infiniment grand ensemble de vérités physiques est une matérialisation superbe de la Vérité invisible, immuable et inoxydable, Jéhovah-Dieu[1]. Tous les éléments indénombrables qui constituent l'Univers, les visibles et les invisibles, de l'infiniment petit à l'infiniment grand, ainsi que les lois qui les régissent, sont vérités[2]. La vérité est présente partout dans l'Univers. Elle est la quintessence même de la Création de Dieu.

Aucun humain n'est auteur d'une vérité quelconque, car toutes les vérités étaient déjà au complet avant la création de l'homme. Tout homme est venu au monde et subsiste par et grâce à la vérité et ses principes. Il n'y a pas plusieurs vérités différentes sur un sujet donné. Le caractère unique et cartésien de la vérité la rend cristalline et lumineuse. Elle est perceptible et appréciable par le bon sens, ce qui permet à l'homme de la transcrire en formule scientifique et de fabriquer divers produits utiles ou, malheureusement, parfois nuisibles à son existence.

Toute vérité est une conception du Grand Créateur, Jéhovah la Vérité, qui en est la Source. Les hommes de sciences ne sont pas les auteurs des vérités scientifiques qu'ils découvrent dans la nature. C'est donc inconvenant d'attribuer l'existence de ces vérités aux personnes qui les mettent en évidence, en les appelant de leurs noms comme, par exemples : la discontinuité **de Mohorovicic**, la discontinuité **de Konrad**, les lois **de Mendel**, l'axiome **de Thalès**, le Théorème **de Pythagore**, la relation **de Chasles**, la règle de l'**Octet**, etc.etc.

A l'Antipode se trouve le mensonge. Le mensonge, récemment apparu sur la terre peu après la création de l'homme, a trouvé au sein de l'humanité un terrain favorable à son éclosion. Il s'est alors accru à une vitesse hypersonique et a

---

[1] Romain 1 : 20
[2] Psaumes 111 : 7

atteint rapidement des sommets. Le mensonge masque la vérité et frappe l'humanité de cécité[3] ou la fait voir les choses à l'envers. Presque tous les humains souffrent de cette maladie, et très nombreux sont ceux qui s'y complaisent, par ignorance. Le virus de la cécité intellectuelle et spirituelle qu'est le mensonge est le pire ennemi de l'homme. Il est à l'origine de tous les malheurs du monde.

L'homme devrait le traiter comme tel, le combattre, l'éradiquer et le bouter loin de lui par tous les moyens. Mais au lieu de cela, il lui fait bon accueil. Oui, l'homme chérit son principal ennemi, le mensonge, et cohabite avec lui, malgré les dommages qu'il lui cause quotidiennement. Ainsi le mensonge sévit sur la terre parmi les êtres humains qui l'aiment. Comment cela est-il possible ?

Le mensonge, faut-il le répéter, s'oppose à la vérité et à sa Source, Jéhovah-Dieu, dans le but de les masquer pour qu'elles ne soient pas connues. Le mensonge s'est étendu à tout l'Univers qu'il tente d'oxyder, d'altérer en substituant son auteur avec le hasard des imaginaires phénomènes de Big-bang et la théorie de l'évolution des espèces organiques.

Le mensonge a une existence récente. Contrairement à la vérité matérielle visible et invisible, le mensonge est immatériel, invisible et versatile. Très envahissant, il se répand très rapidement, véhiculé par ses suppôts. Une fois pondu, il peut atteindre ses cibles en très peu de temps.

La terre est le seul domaine d'influence assigné temporairement au Géniteur et générateur du mensonge, c'est-à-dire à Satan le Diable, encore appelé dans la Bible « Menteur et Père du mensonge »[4]. Inventer des mensonges pour nuire au Créateur et aux humains est tout ce qu'il sait faire. C'est cela même l'objet de sa mission suicidaire et sa raison d'existence sur la terre. Cet apostat impénitent

---

[3] 2 Corinthiens 4 : 3-4 ; Matthieu 4 : 14
[4] Jean 8 : 44

forge et raffine des mensonges, grands et petits dans tous les domaines pour nuire aux humains et offenser Dieu.

Ainsi il y a toutes sortes de mensonges de tous calibres, de toutes gravités et dans tous les domaines. Tout homme vit avec les mensonges qui lui cachent des vérités. Presque tout est mensonger. Tout homme est menteur. Le Géniteur et Générateur du mensonge enseigne à tous ceux qui lui obéissent à en fabriquer et colporter.

Ainsi sur la terre et au sein de l'humanité la vérité est confrontée à un phénomène d'oxydation, oui d'altération par le mensonge. Cette oxydation se propage rapidement dans tout l'univers et s'attaque directement à l'Auteur de l'univers en tentant de le décapiter et de le remplacer par le hasard de l'irréel phénomène de Big-bang et de la fausse théorie de l'évolution. Mais le Créateur fera triompher la vérité qui retrouvera sa place, sans rival ni opposant, sur la terre et dans tout l'univers, à jamais.

Ce livre tente d'apporter quelques éclaircis dans cette obscurité opaque créée par le mensonge, et dans laquelle les hommes se vautrent, tâtonnent et titubent en plein jour.

CHAPITRE I : Qu'est ce que, au juste, la Vérité ?

Au premier siècle de notre ère, le Gouverneur romain Ponce Pilate interrogeait un illustre accusé que des chefs religieux juifs lui en avaient apporté. Il lui posa à peu près cette question ci-dessus, après que l'extraordinaire personnage ait dit : « *Je suis venu dans le monde pour rendre témoignage à la Vérité* »[5]. Vous l'avez deviné, l'accusé en question n'est une autre personne que Jésus-Christ, le fils de Dieu.

Jésus était descendu ici bas sur la terre en Mission spéciale de la plus haute importance de tout l'Univers, celui de faire triompher la vérité sur le mensonge. A l'occasion il a apporté la lumière dans le monde enténébré et payé très cher à Dieu le prix du rachat de l'humanité[6], aux fins de la faire sortir des ténèbres à son éclatante lumière. La parole célèbre de Jésus cité ci-dessus laisse comprendre que la Vérité est en difficulté et en procès sur la terre. Jésus était venu sur la terre en Envoyé spéciale pour rendre témoignage à la Vérité et la faire triompher, dans un procès universel multimillénaire, et sauver le monde de l'esclavage du Diable et de la mort.

[Dans ses derniers entretiens avec ses disciples, Jésus-Christ a encore dit cette parole fantastique : « ***Je suis** le Chemin, **la Vérité** et la Vie. Nul ne vient au **Père** que par moi* ». Le disciple Philippe qui écoutait cette parole extraordinaire a réagi en ces termes : « *Montre-nous le Père et cela nous suffit* ». En réponse Jésus lui a dit cette parole surprenante : « *Depuis si longtemps que je suis avec vous, et pourtant, Philippe, tu n'es pas parvenu à me connaître ? **Qui m'a vu a vu le Père** Comment se fait-il que tu dises : Montre-nous le Père* » ?][7]

De tout ce qui précède, il ressort clairement que **Jésus est la Vérité, le reflet exact de son Père, Jéhovah-Dieu, la Vérité première et la Source de toutes**

---

[5] Jean18 : 37
[6] Jean 3 :16
[7] Jean 14 : 6-10

vérités spirituelles, physiques, matérielles et immatérielles. Toutes les Œuvres de Jéhovah Dieu intègrent ses perfections invisibles et laissent transparaître la Vérité composée de l'amour, de la justice, de la sagesse et de la puissance, suivant un dosage parfaitement équilibré, une combinaison et une intégration parfaites. Ces attributs de Dieu sont toutes présentes et perceptibles dans chaque atome de sa Création matérielle et immatérielle.

Jéhovah-Dieu étant la Vérité même et la Source de toutes vérités partout où elles se trouvent dans l'Univers, la Vérité n'a donc pas eu de commencement et n'aura pas de fin. Elle est inoxydable et par conséquent immuable. Difficile à comprendre ? Oui, c'est ainsi que doit être le Grand Dieu-Créateur de tout ce qui existe, et il en est ainsi. Il doit être infiniment au-dessus de tout ce qu'il a créé, et il en est ainsi. Il a et doit avoir des secrets, oui des choses inaccessibles à la compréhension et à l'entendement de ses créatures humaines, ne serait-ce que provisoirement, et il en est ainsi.

L'homme n'est pas créé avec toute la connaissance détaillée de l'Univers. Cependant il est doté de la faculté d'apprentissage, de recherche et d'accumulation progressive de la connaissance. Il n'est pas, à ce jour, en mesure de saisir cette étrange vérité de l'éternité de Dieu. C'est une vérité dont la compréhension lui est encore inaccessible. C'est, en entendant, un secret de Dieu.

Les vérités existent sous plusieurs formes. Il y a :

1) Des vérités physiques, matérielles et immatérielles, visibles et invisibles.

Il s'agit de :

- Ce que l'homme peut voir à l'œil nu sur la terre et dans l'espace : les astres ;
- Ce qu'il ne peut pas voir à l'œil nu à cause de leur éloignement et / ou de leur petitesse infinie ;

- Ce qu'il ne peut pas voir, mais qu'il ressent et mesure les effets : la pesanteur, le vent, les ondes électromagnétiques, le bruit, etc.

2) Des vérités qu'on ne voit pas, ne perçoit pas avec le sens, mais qui influence et dirige le monde des humains.

Il s'agit de :

- L'organisation céleste et invisible de Dieu ;
- Le monde invisible, hideux, méchant, désordonné et caché de Satan le Diable.

3) Des vérités matérielles plus ou moins visibles et immatérielles plus ou moins perceptibles.

Il s'agit des vérités scientifiques. Elles sont saisies par l'intellect et mises en évidence et en formules par la science.

4) Des vérités bibliques.

5) Des vérités inscrites dans la conscience pure de chacun des êtres humains[8].

Puisque l'Univers est ainsi une kyrielle cohérente de vérités matérielles et immatérielles, visibles et invisibles, perceptibles et imperceptibles, infiniment petits et infiniment grands ; et comme ces vérités occupent leurs places bien déterminées les uns par rapport aux autres et fonctionnent parfaitement suivant des lois et des principes infaillibles, il devrait en être ainsi indéfiniment. Cependant on constate que rien ne va bien sur la terre parmi les humains. Pourquoi y a-t-il tant de mensonges et de désastres sur la terre ? Pourquoi les calamités, la méchanceté, la maladie, la souffrance et la mort, qui n'ont rien à voir avec la vérité, sont-elles les lots quotidiens des humains ?

---

[8] Romain 2 : 14,15

Ces questions sont légitimes, car vraiment il y a quelque chose qui cloche dans le présent système de choses. Il y a tendance à l'oxydation de la Vérité et à la promotion du Mensonge avec son cortège d'imperfection, de souffrance et de la mort. C'est cette échauffourée entre le Mensonge et la Vérité qui a occasionné la venue de Jésus Christ, le fils de Dieu sur la terre, sous la forme humaine, pour un règlement juste, équitable et définitif. Mais avant cela, comment en est-on arrivé à cette situation ? La réponse au chapitre suivant.

CHAPITRE II : Qu'est-ce-que, au fond, le mensonge ?

Le mensonge est la falsification de la vérité. Il n'y a pas de mensonge sans la vérité qu'il masque. Le mensonge existe par rapport à une vérité ou à des vérités. Les vérités qui règlementent l'existence de l'homme et de l'humanité, lesquelles sont écrites dans la Bible et dans la conscience de chacun des êtres humains sont les cibles privilégiées du mensonge. Depuis l'avènement récent du Mensonge dans le monde il y a 60 siècles, son auteur s'en prend à ces vérités pour les éclipser avec des mensonges qu'il génère. Pourquoi fait-il cela ?

Tout découle du fait que l'homme est créé à l'image de Dieu, cela veut dire qu'il est doté, dans une certaine mesure, des attributs divins qui sont : l'amour, la justice, la sagesse et la puissance. Seules les créatures intelligentes qui sont les anges au ciel et les humains sur la terre ont reçu ce don de Dieu. A la différence du reste de la Création qui n'effectue que des mouvements stéréotypés et n'exécute que des programmes préalablement établis, tels des robots, les créatures intelligentes sont pourvues du libre-arbitre et ont la liberté de choix, en connaissance de cause. Elles sont dotées de conscience qui les avertit du danger lorsqu'elles tendent à faire ce qui est mauvais. La conscience les condamne et les tourmente quand elles font le mal.

Toute la création obéissait automatiquement et parfaitement au Créateur depuis un nombre incalculable d'années, avant que Celui-ci se mette à créer des êtres humains qui savent faire la différence entre ce qui est bon et ce qui est mauvais, et choisir librement. **Le premier mensonge sur la terre et dans l'univers** est celui par lequel un ange, faisant un mauvais usage de son intelligence et de son libre-arbitre a choisi de faire ce qui est mauvais, s'est rebellé contre Dieu et a entrainé le premier couple humain à sa suite.

Il a ensuite persuadé mensongèrement la première femme, Eve qui a entraîné son mari, Adam à désobéir et à se rebeller contre Dieu. Cette rébellion angélique a des conséquences désastreuses sur la terre. Mais dira-t-on comment cela est-il possible étant donné la perfection du système universel, l'Omniscience et la Toute-puissance du Créateur ?

La Puissance de Dieu est utilisée uniquement dans les conditions d'un dosage parfaitement équilibré de ses attributs qui sont : l'Amour, la Justice, la Sagesse et la Puissance. Ces quatre attributs divins transparaissent dans chaque œuvre de Jéhovah. Une intervention de Celui-ci dans le cheminement engagé vers la rébellion, pour l'arrêter, serait interprétée comme une entrave à la liberté de pensée, de parole et d'action. Une exécution expéditive des rebelles serait une action extra judiciaire et une utilisation abusive de la puissance. Le Diable s'attendrait à ce Dieu commette ces erreurs pour en publier sur les toits comme preuves de mauvaise gouvernance, de méchanceté et de dictature. Mais il est impossible à Dieu de commettre de telles choses, lui dont les œuvres sont toujours empruntes d'amour, de justice, de sagesse et de puissance bien équilibrés. Il est impossible à Dieu d'être pris au piège tendu par l'une quelconque de ses créatures intelligentes devenue rebelle.

[Seule un procès parfaitement équitable saura trancher cette très importante et délicate affaire pour prononcer une sentence qui servira de précédent juridique universel. A cause du fait que le procès doit être parfaitement équitable, il faut du temps, peu importe la durée, pour réunir les conditions d'un procès parfait d'où découlera une sentence sans appel][9].

Le deuxième plus grand mensonge de l'univers est celui qui consiste, selon les théories de Big-bang et de l'évolution des espèces organiques, à dire que l'Univers est venu à l'existence par hasard, qu'il n'existe pas un Créateur, Le but ultime recherché dans cette démarche est de faire la promotion de l'incroyance en Dieu. Cette théorie vise aussi à établir mensongèrement la

---

[9] *Fin prochaine du bicéphalisme mondial ;* par LAOUBAÏ André, 2021.

suprématie de l'homme blanc sur l'homme noir, car la théorie de l'évolution des espèces prétend que l'homme moderne, c'est-à-dire **l'homme blanc**, est le produit de l'évolution du grand singe appelé de plusieurs noms suivants : **singe anthropoïde, homme-singe, macaque et homme noir**. Le but de ce subterfuge est de créer l'inégalité entre Blanc et Noir, de légaliser et d'innocenter les pratiques viles de l'esclavagisme, du colonialisme et du néocolonialisme.

Cette rébellion qui a commencé sur la terre s'est étendue au ciel et dans tout l'Univers. Comment Satan à osé défier, provoquer l'Amour, la Vérité, le Parfait et le Tout-Puissant de l'Univers ? Comment a-t-il eu l'audace de réaliser une chose pareille ?

[Satan le Diable était un ange parfaitement créé, l'un des plus proches serviteurs de Dieu dans sa cours céleste. Il contemplait la face et la magnificence du Créateur de l'Univers jour et nuit, et finit par en convoiter et en être jaloux][10]. Jusque là, c'est la limite jusqu'où peuvent aller la curiosité et le vagabondage de la pensée des créatures intelligentes dotées de libre arbitre et de conscience, capables de distinguer le bien du mal et de résister à faire ce qui est mauvais.

Incroyable mais vrai, Cette Créature spirituelle a mal utilisé l'intelligence, le libre-arbitre et la conscience dont il est doté. Il a convoité la position du Créateur, puis a présenté Celui-ci aux humains sous un faux jour pour les entraîner à sa suite et déclencher une rébellion universelle contre lui pour prendre sa place. Il est de ce fait, devenu lui-même Satan qui signifie calomniateur et le Diable qui signifie opposant ou rebelle.

Malgré cette dotation des créatures intelligentes en faculté de guidage, pour éviter leur dérive, l'ange parfait succomba à ses désirs d'occuper la place du Créateur, se rebella contre lui et entraina de milliers d'anges à faire comme lui. Ces anges rebelles furent, au début du siècle dernier, chassés du ciel et

---

[10] Ezékiel 13-17

trouvèrent refuge sur la terre où ils y sont cantonnés, incapables de remonter au ciel troubler l'ordre qui y règne parmi les anges fidèles. Ils se concentrent donc sur la terre où ils s'entêtent à continuer leurs œuvres d'ingratitude et de méchanceté monstrueuses contre Jéhovah et les humains[11]. Comment Satan le Diable justifie-t-il cette rébellion ? Avec quels arguments convainc-t-il ses nombreux adeptes à le suivre ?

Il procède par le mensonge, la tromperie et la flatterie exclusivement. Faisant miroiter aux humains les qualités et les bonnes conditions illimitées d'existence de Dieu, il a prétendu que les humains peuvent y accéder en se rebellant contre leur Créateur qui, selon lui, gouverne mal et prive ses sujets humains de bonnes choses auxquelles ils ont droit.[12]

Satan le Diable s'est caché derrière un serpent pour ainsi mentir à Eve dans le jardin d'Eden. Il utilise cette méthode jusqu'aujourd'hui en se cachant derrière les Etats, les chefs mondiaux, les religions, les organisations nationales et internationales, les individus et certains animaux réputés maléfiques comme le serpent, le hibou, le scorpion, le chat, etc., pour tromper et faire du mal aux humains.

Ayant réussi le premier coup, il s'est assigné, comme un défi à relever coûte que coûte, la mission d'égarer tous les humains sur la terre, loin de la Vérité pour qu'ils ne servent pas le Vrai Dieu. Une mission bien trop grave, trop au-dessus des capacités de n'importe quelle être créé. Mais le prétentieux, le fanfaron et pédant Satan se l'assigna. A cet effet, il a inventé et invente encore de plus belle, des mensonges de toutes sortes et apprend aux humains à en inventer à leur tour.

Une fois le mensonge pondu il faut prouver qu'il est vrai, l'argumenter, colmater les failles, l'enjoliver pour qu'il ne soit pas reconnaissable comme tel. Le

---

[11] Révélation 12 : 7-12
[12] Genèse 3 :1-5

menteur le fait en inventant de nouveaux mensonges et tromperies. Par exemple, le pasteur noir américain, Martin Luther King, rapporta dans les années 60, dans son livre *"La force d'aimer"*, les paroles ci-après d'un ségrégationniste américain blanc : « *Dieu est le premier ségrégationniste : depuis quand les oiseaux bleus volent avec les oiseaux rouges »[13]*. Nous sommes ici en présence de deux mensonges. La première partie de la phrase est le mensonge principal, la seconde partie est l'argument mensonger qui vient renforcer le mensonge principal.

Le mensonge est véhiculé par des humains trompés et les démons acquis à la cause du Diable, de bouche à oreille, par l'intermédiaire des médias, des écrits et des réseaux sociaux. Le mensonge est très envahissant, car en un instant il peut faire plusieurs tours du monde.

Le mensonge se conçoit facilement par tous les humains sous l'instigation de leur « Père, le Diable ». Le mensonge est abondant et gouverne le monde. Il est souvent très mal cousu et comprend très souvent des zones d'ombre et de mystères. Il laisse apparaître de grandes failles aux yeux de ceux qui possèdent le discernement. Mais le plus souvent il est perfidement imposé par la hiérarchie sociétale, cléricale, scientifique, académique, politique, etc. Le mensonge se crée continuellement et il a une durée de vie très courte, par rapport à la vérité qui existe intégralement avant le commencement et qui n'aura pas de fin.

---

[13] *La force d'aimer,* par le pasteur américain noir, Martin Luther King

CHAPITRE III : L'auteur de toutes les tragédies mondiales.

A l'inverse de la vérité qui est un dosage équilibré des attributs de Dieu, le mensonge est dépourvu de toute trace d'amour, de sagesse, de justice, et de puissance. Il est plutôt motivé par la convoitise, la rivalité, la méchanceté, la haine et la criminalité. Le mensonge est l'une des choses les plus abondantes sur la terre comme l'eau et l'air. Ses méfaits le sont encore plus, et personne ne saurait les dénombrer. Ils surviennent chaque jour en grand nombre. Nous évoquons dans ce chapitre quelques cas frappant qui ont le plus impacté les nations, les communautés et les individus.

Le mensonge originel a lancé le coup d'envoi à l'émission des flux quotidiens de mensonges qui polluent tout l'environnement humain. Des mensonges engendrent des mensonges pour se couvrir. Les menteurs se défendent en inventant d'autres mensonges. Par exemples les dogmes de l'immortalité de l'âme humaine, de l'enfer et de la félicité au ciel qui constituent les bases des enseignements de nombreuses religions, sont des mensonges inventés par Satan le Diable pour édulcorer le premier mensonge qu'il a proféré contre Dieu, en disant à Eve : « **Vous ne mourrez pas du tout. Car Dieu sait que, le jour même où vous en mangerez, vos yeux ne manqueront pas de s'ouvrir, et à coup sûr vous serez comme Dieu… »**.[14]

Les mensonges n'ont pas de fondements et ne résistent pas aux cribles de la raison véritable. Ils laissent apparaître dès l'abord, de nombreuses failles colmatées avec des mythes, des mystères et des légendes tout aussi mensongers. C'est le cas de ce qu'enseignent la presque totalité des religions où des vérités simples sont transformées, rabaissées et érigées en mythes, mystères et légendes

---

[14] Genèse 3 : 4.

ridicules. Par exemples la trinité, l'enfer, la prédestination, toutes les fêtes religieuses, la théorie de l'évolution, etc.[15].

En dehors des mensonges collectifs, religieux, politiques, sociaux institutionnalisés, il ya des mensonges individuels quotidiennement émis par les milliards d'habitants de la terre, pour diverses raisons. Cet envahissement de l'humanité par le mensonge cause de nombreux préjudices aux humains. Les mensonges les écartent loin de la Vérité, du Créateur et de sa bonne gouvernance.

Le premier mensonge vise à mettre en échec le dessein de Jéhovah-Dieu pour la terre et l'humanité, celui de remplir la terre d'humains parfaits vivants au paradis terrestre. Ce mensonge soulève des questions difficiles qui allaient, croyait l'auteur, Satan, entacher l'infaillibilité, l'amour, la Justice, la sagesse et la toute-puissance du Créateur. Il soulève des questions telles que celles-ci, qui défient Dieu :

- **[Qui gouvernera mieux les humains : Dieu ou Satan ?**
- **Satan serait-il capable de détourner tous les humains de sorte qu'aucun ne serve Dieu ?]**[16]

Mais Dieu est Dieu, il est la Vérité même. Et la vérité est inattaquable avec succès. Il est au-dessus de toute pensée et de toute ruse de ses créatures. Il ne peut jamais être pris au piège d'un menteur avec ses mensonges.

Brusquement le projet de Dieu, de peupler la terre d'humains parfaits qui vivent dans des conditions paradisiaques, fut ainsi mis à mal, non pas aux yeux du Créateur qui maîtrise instantanément tous les tenants et aboutissants de cette provocation, mais aux yeux des observateurs tels que les anges fidèles au ciel. Il requiert donc de traiter cette affaire de l'excellente manière qui soit, pour éviter

---

[15] La tragédie de l'humanité aveuglée par le mensonge, 2022, par LAOUBAÏ André.

[16] Job 1 : 6-22.

toutes contaminations et rebellions ultérieures du reste des créatures célestes intelligentes.

Promptement Dieu commença à régler parfaitement les problèmes engendrés en maudissant nos premiers parents et Satan le Diable et en les condamnant à mort, avec sursis[17]. Puis il déroula un plan B dont l'exécution permettra de réaliser tous ses desseins par rapport à la terre comme prévu, sans enfreindre à sa divinité ni à ses lois justes et immuables. (Et, c'est l'essentiel ! Merci beaucoup, Jéhovah, le DIEU Juste et Grand). Cependant il y a un coût très élevé de cette résolution juridique du problème, pour chacune des parties en présence : Satan le Diable, le premier couple humain et Jéhovah-Dieu.

1) Satan le Diable, le rebelle impénitent est condamné à la peine de mort, pour avoir :
- Fomenté une rébellion contre Dieu ;
- Abusé de son intelligence et de son invisibilité, bref de ses avantages d'ange pour tromper les humains ;
- Entraîné la malédiction, l'imperfection et la mort sur l'humanité ;

Un sursis d'une durée de 6000 ans environ de liberté d'agir à sa guise est accordé à Satan pour prouver ses prétentions de mieux gouverner l'humanité et de détourner tous les humains loin de Dieu.

2) Adam, ce premier homme, premier pécheur non repentant est condamné à mort, pour avoir :
- Tourné le dos à Jéhovah et obéi à Satan le Diable ;
- Attiré sur l'humanité l'imperfection, et la mort.

Un sursis lui est également accordé ainsi qu'à Eve sa femme, pour avoir de la descendance et donner une chance de vie éternelle à l'humanité, comme a prévu Jéhovah dès l'origine.

---

[17] Genèse 3 :12-20.

3) Jéhovah, le Dieu d'amour doit payer un prix très élevé pour rétablir la perfection et la vie humaine sans fin sur la terre. La vie humaine parfaite étant bradée, pour la reconquérir il faut payer une rançon équivalente à une vie humaine parfaite. Celle-ci n'existe pas sur la terre. Personne sur la terre et au ciel ne dispose d'un tel trésor, sauf Jéhovah-Dieu. C'est pourquoi Jéhovah, dans son grand amour pour le monde des humains, donna son fils unique en sacrifice pour sauver l'humanité. L'humanité est ainsi repartie à zéro sur la base de cet arrangement équitable.

Les enjeux des évènements mondiaux dépassent donc le cadre du monde physique. Leurs sources se situent de l'autre côté dans le monde invisible, oui, le monde des esprits. Toutes les tragédies humaines sont fomentées dans le monde spirituel par un Chef invisible qui tire les ficelles dans l'ombre et fait danser ses marionnettes humaines. Il est donc impossible de régler les problèmes de l'humanité sans tenir compte de leurs dimensions spirituelles, car cela reviendrait à couper seulement la tête de l'hydre. Elle repoussera toujours.

CHAPITRE IV : L'avènement du bicéphalisme mondial.

Au tout début, l'humanité était dirigée par Dieu directement, sans intermédiaire ni relais. C'était un régime théocratique : le gouvernement par Dieu. Il devrait en être ainsi éternellement. Imaginez ce que devrait être la terre remplie d'humains parfaits sous la direction du seul Dieu, Amour, Sagesse, Justice, Puissance et Perfection. La beauté du projet divin relatif à la terre et à l'humanité suscita la convoitise au ciel.

Un ange fit un mauvais usage de son libre-arbitre et de sa conscience. Il succomba à son désir démesuré et funeste d'être à la place de Dieu pour recevoir la gloire et l'honneur que toute l'humanité parfaite et tout l'Univers parfaits devraient rendre à leur Créateur. Il mit un plan et une stratégie en exécution pour atteindre ce but, en se rebellant contre Jéhovah-Dieu. Le mauvais ange est devenu par la suite Satan le Diable, ce qui signifie Calomniateur et opposant à Dieu.

Après avoir amené les premiers humains à désobéir à Dieu, Satan le Diable croyait que son sale coup contre Jéhovah le Souverain de l'Univers a réussi. Il s'imaginerait que Jéhovah allait :

- Soit détruire sur le champ le couple rebelle sans enfant et mettre fin à son projet de remplir la terre d'humains. Cela signifiera que Dieu à échoué son principal projet et le Diable s'en narguerait.
- Soit renoncer à son projet et abandonner les humains à leur triste sort entre les mains de Satan.

Mais à la grande surprise du Diable, Jéhovah est sorti indemne de son piège et le mit au défi de prouver ses prétentions de :

- Mieux diriger l'humanité ;
- Détourner tous les humains pour qu'aucun ne serve Dieu.

Etant à l'origine une créature céleste parfaite et donc immortelle, Satan croirait qu'il allait vivre pour toujours et être là à troubler l'ordre qui règne au ciel et sur la terre parmi les créatures intelligentes. Il se trompe lourdement, car le voilà condamné à la peine capitale, avec sursis de 7000 ans, pour cet acte de rébellion contre le Souverain de l'Univers. Par cette révolte Satan a fait du mal à lui-même et aux humains.

Un temps très long, du point de vue des humains, mais non pas du point de vue de Jéhovah qui n'est pas limité par le temps, est nécessaire pour régler cette controverse. Ce temps est accordé à Satan pour exercer pendant 6000 ans une « meilleure gouvernance » de l'humanité qu'il prétendait, suivi de 1000 ans d'emprisonnement et en même temps de règne sans rival de Jésus sur toute la terre pour amener l'humanité à la perfection.

L'humanité était ainsi partie pour 6000 ans de gouvernances bicéphales :

- la diablocratie ou la gouvernance de Satan le Diable ;
- la théocratie ou la gouvernance de Dieu.

L'humanité a déjà 6000 ans d'existence. Quels sont les résultats de 6000 ans de gouvernance de l'humanité, quasiment diablocratique et de gouvernance théocratique, à peine perceptible ? Dans les chapitres qui vont suivre nous allons faire un examen critique, dans le temps et dans l'espace, de la gouvernance satanique appelée diablocratie et de la gouvernance théocratique appelée théocratie, pour tirer des leçons et des conclusions qui s'imposent.

CHAPITRE V : La diablocratie dans l'antiquité.

L'humanité était repartie à zéro avec deux gouvernances. Elle est ainsi bicéphale avec une gouvernance diablocratique et une gouvernance théocratique. La diablocratie est très affairée et très agressive, car elle est très limitée par le temps et va à sa perdition certaine. Par le mensonge et la terreur, elle multiplie des actions d'aliénation de l'humanité pour l'amener à marcher aveuglement contre la volonté de Dieu. Il remplit le monde de violences et de toutes sortes d'abominations, à travers les différents âges. A cause de lui le monde est devenu si méchant et si violent qu'un philosophe a écrit très justement : « L'homme est un loup pour l'homme ».

Cette diablocratie qui a éclipsé la théocratie a commencé par un évènement dramatique, celui-ci : le troisième homme sur la terre et premier fils d'Adam appelé Caïn, a tué son frère cadet nommé Abel.[18] Par le mensonge et la ruse, Caïn jaloux de son frère cadet, l'entraina dans la campagne, loin des regards de leurs parents, et le tua lâchement. Mais pour quelle raison le jalousa et le tua-t-il ?

C'est parce que Jéhovah a approuvé le sacrifice d'Abel offert avec de bons mobiles et à refusé celui de Caïn dont le cœur était méchant. Ce premier crime, premier décès, premier drame montre que la jalousie, le mensonge, et le crime sont les maître-mots de la diablocratie. Mais comment Abel a-t-il pu offrir un bon sacrifice à Jéhovah alors que Satan a juré de faire en sorte que personne ne serve Dieu ?

Le meurtre d'Abel est le premier démenti opposé à Satan quand il a dit à Adam : « vous ne mourrez pas », et à sa prétention d'être capable de détourner toute l'humanité loin de Dieu. Il a inauguré une succession ininterrompue des scènes dramatiques massives tout au long de l'histoire jusqu'aujourd'hui. Repérons et

---

[18] Genèse 4 :1-8.

examinons quelques uns des événements dramatiques produits par la diablocratie, qui ont impacté négativement l'humanité toute entière. Nous découvrirons le genre de gouvernance qu'est la diablocratie et son souverain Satan le Diable.

[Peu après le meurtre d'Abel, alors que la population humaine s'est considérablement accrue, la terre fut remplie de violence. Lisons dans la Bible le constat fait par Dieu de cette situation : « Et la terre se pervertit sous les yeux de Dieu, et la terre se remplit de violence. Alors Dieu vit la terre et, voyez, elle était pervertie, car toute chair avait perverti sa voie sur la terre. Après cela, Dieu dit à Noé : La fin de toute chose est venue devant moi, car la terre est pleine de violence à cause d'eux ; et voici que je les ravage avec la terre ».][19]

Ce qui s'était produit, c'est que Satan et les anges qui l'ont suivi dans sa rébellion et sont devenus des démons, étaient descendus sur la terre poser des actes contre nature en ayant des relations sexuelles avec les filles des hommes. De ces relations il est né des Niphilim, des géants, des hommes forts et méchants, des hommes de renoms qui ont rempli la terre de violence[20]. Cela a amené Dieu à détruire l'humanité d'alors par les eaux du déluge. Il a épargné Noé et sa famille, seul homme qui faisait ce qui est droit. Satan le Diable et ses démons ont utilisé leurs corps spirituels pour survivre à cette destruction.

Cet épisode montre que Satan remue ciel et terre pour amener les humains à pratiquer des choses contre nature que Dieu déteste, par exemples les relations sexuelles entre :

- humains et démons ;
- humains et animaux ;
- femme et femme ;

---

[19] Genèse 6 :9-13.
[20] Genèse 6 : 1-7.

- homme et homme

- etc.

C'est également lui qui remplit la terre de violence, de terreur, de détresse et d'angoisse. La gouvernance de Satan est, on ne peut plus, immorale, violente et terroriste.

Puis, l'Humanité est repartie à nouveau avec Noé et sa famille, en tout 8 personnes, pour peupler la terre. Au moment où la population était devenue très nombreuse, il s'est levé du milieu d'elle un homme appelé Nimrod, un puissant chasseur et conquérant. Il était animé par l'esprit de domination et portait un projet de construction d'une haute tour, la tour de Babel, qui pourrait contenir toute la population mondiale d'alors, en un seul lieu, afin d'éviter sa dispersion sur toute la surface de la terre[21].

La mise en œuvre du projet a démarré et avançait sans entrave. Mais le projet déplut à Dieu dont le dessein est de remplir la terre d'humains vivant en tous lieux de sa surface. Jéhovah brouilla alors la langue des bâtisseurs en la divisant en plus de 3000 langues de sorte qu'ils ne peuvent plus se communiquer et collaborer dans l'œuvre de construction de la tour. Alors dans des mouvements de colère, ils abandonnèrent les travaux et se dispersèrent dans toutes les directions par petits groupes linguistiques.[22]

Babel ou Babylone fut, dans l'antiquité le centre mondial de la fausse religion, car on y dénombre des centaines de temples dédiés à des fausses divinités différentes. En se dispersant sur toute la surface du globe, ses habitants sont partis avec leurs différentes religions et leurs objets de culte. La plupart des religions pratiquées dans le monde aujourd'hui viennent donc de Babylone. C'est fort à propos que la Bible donne le nom de « Babylone La Grande » à

---

[21] Genèse 10 : 8-11.
[22] Genèse 11 :1-11.

l'empire mondial de la fausse religion de notre époque, et la qualifie de « mère des prostituées et des choses immondes de la terre ».[23]

Nous retenons de cette scène pathétique que :

- Satan le Diable, à travers les humains qu'il manipule, s'oppose à l'objectif de Dieu de remplir la terre d'humains et mène des actions visant à le contrecarrer. Quand cela paraît très grave aux yeux de Dieu, celui-ci intervient pour empêcher ou détruire les œuvres du Diable.
- Satan est l'auteur des fausses religions pratiquées à la Babylone antique et à son pendant moderne, Babylone la Grande, l'empire mondial de la fausse religion d'aujourd'hui, dans le but d'aveugler les humains par le mensonge et de les tenir éloignés de la Vérité.

---

[23] Révélation 17: 5.

CHAPITRE VI : La diablocratie à notre époque moderne.

Au 19ème siècle de notre ère, Satan le Diable manipula Darwin, un citoyen anglais, pour inventer la théorie de l'évolution qui prétendit établir scientifiquement l'inexistence de Dieu et la négation de la Création de tout ce qui existe. Il raconta qu'après que l'univers fut venu à l'existence par hasard suite à un prodige appelé Big-bang qui s'est produit il y a des milliards d'années. La vie serait alors ensuite apparue spontanément dans une soupe organique océanique, puis s'est transformée pour donner toutes les formes de vie qui existe sur la terre jusqu'à l'homme noir ou homme-singe, qui a évolué pour donner l'homme blanc ou homme moderne, sans aucune influence d'une direction intelligente.[24]

Le but de ce conte de fée que l'intelligentsia occidental accepta, acclama et soutint, est de faire la promotion de l'incroyance au Vrai Dieu, Jéhovah, à qui on doit amour, obéissance et adoration. La théorie de l'évolution prétend avoir ainsi prouvé que Dieu n'existe pas, que l'homme noir est un singe anthropoïde ou homme-singe qui a évolué pour devenir l'homme moderne ou l'homme blanc. Imaginez les conséquences désastreuses de ce gros mensonge universel :

- La bible est un livre de contes et de fables.
- Il n'y a pas de commandement de Dieu à y obéir.
- L'assujettissement de l'homme noir par l'homme blanc par l'esclavage et la colonisation sont conformes aux lois naturelles et sont légaux.
- L'homme est libre de faire ce qu'il veut.
- Il n'est pas tenu pour responsable de ses actes.

Ainsi blanchi de tous ses actes forcenés et barbares l'homme invente et commet de plus belle, des actes contre nature. Par exemples : la bestialité, l'homo

---

[24] Descendons-nous vraiment des singes par évolution organique ? par André LAOUBAÏ, Février 2024.

sexualité, la pédophilie, la criminalité, les guerres, les génocides, les massacres, la sorcellerie, etc. etc.

Au 20ème siècle de notre ère, un citoyen allemand du nom d'Hitler prétendit mettre en place sur toute la terre un royaume millénaire. Ce royaume règnerait sur une population mondiale composée uniquement de race pure d'aryens, une race indo-européenne considérée comme la plus performante de toutes les races humaines.

Il entreprit de faire la guerre pour exterminer tous les individus qui ne sont pas aryens et abattit 45 millions d'humains dont 6 millions de juifs pendant la deuxième guerre mondiale. Finalement dépassé par l'ampleur et la cruauté du projet, il se donna la mort. Le projet tourna court. Vraiment la gouvernance de Satan le Diable est belliqueuse, sanguinaire et raciste.

A la fin de la deuxième guerre mondiale, Satan poussa les dirigeants des pays occidentaux à mettre en place une organisation internationale pour la paix et la Sécurité mondiales. Il s'agit de l'Organisation des Nations Unies (ONU) qui remplace la défunte Société des Nations (SDN). Elle est chargée du maintien de la paix et de la sécurité, au sens large, dans le monde. Elle est pourvue de plusieurs organes chargés de différents volets, avec des objectifs nobles. A la création de l'ONU le monde l'a acclamé, l'a considéré comme l'expression politique du royaume de Dieu sur la terre. Tout le monde croyait qu'elle est la solution aux problèmes mondiaux.

Mais la réalité est tout autre, car l'ONU, cette supercherie démoniaque fondée sur le mensonge, la tromperie et la flatterie, n'est pas à la hauteur des problèmes qui se posent aux Nations. Les beaux textes de sa charte et les bons objectifs sont établis pour tromper l'œil. L'ONU reflète la personnalité de son fondateur invisible, Satan le Diable, qui n'est ni sage, ni juste, ni puissant et qui manque totalement d'amour dans ses rapports avec les humains.[25]

Le 21ème siècle a débuté par la mise en application de la théorie de « La mondialisation » encore appelé « Le darwinisme social » élaborée par les grandes puissances sous l'inspiration du Diable. Le darwinisme social est une transposition à l'humanité des théories satellites à la théorie de l'évolution des espèces. Il s'agit des théories de « La sélection naturelle », de « La survivance du plus apte » et des « sauts évolutifs », selon lesquelles dans un groupe, les individus les moins aptes sont éliminés naturellement et systématiquement.

Les guerres et les violences qui sévissent sur toute la terre actuellement et qui déciment la population mondiale sont les conséquences de la théorie de l'évolution et de ses satellites, les théories de « la sélection naturelle », de « la survivance du plus apte » et des « sauts évolutifs ». Ainsi, dans des camps opposés, les protagonistes dans des guerres qui ravagent le monde se déculpabilisent et massacrent sans remords les individus des autres camps, convaincus qu'ils agissent en conformité avec les lois naturelles. « Le lion qui a pitié de la gazelle, c'est lui qui mourra de faim ». C'est la lutte pour la survie.

D'après les promoteurs de ces théories, l'application à toute la société humaine du 21ème siècle de ce modèle qui se produit automatiquement dans la nature permettrait d'éliminer les tares et de perfectionner l'humanité. Les noirs d'Afrique sont identifiés comme des sujets moins aptes e tarés qui constituent une charge que l'humanité traîne comme un boulet aux pieds. « L'Afrique est un continent des merdes » a dit Donald Trump, Président des Etats Unis d'Amérique. Les noirs d'Afrique doivent donc être éliminés pour permettre un perfectionnement de l'humanité.

---

[25] Fin prochaine du bicéphalisme mondial, par André LAOUBAÏ, 2023.

Alors des plans et des stratégies sont adoptés, des maladies et des vaccins empoisonnés sont fabriqués au laboratoire pour exterminer les noirs. Certes les noirs ont été décimés par ces maladies et vaccins, mais ils ne sont pas exterminés, pour autant. La crise due à la maladie du coronavirus qui a sévi dans le monde de 2020 à 2023 a révélé beaucoup de ces choses qui se tramaient à l'occident contre les noirs.

Se sentant les plus menacés et en danger d'extermination par le coronavirus, des occidentaux vertueux ont trahi rageusement le grand complot qui se tramait en occident contre les noirs. Ils l'ont dénoncé massivement, heureusement. Grâce à cette trahison accablante et intense, le plan génocidaire des noirs par le Coronavirus a échoué et a été mis en état de veille. Les noirs ne sont pas hors du danger pour autant, car le Diable ne renonce jamais définitivement à son projet machiavélique. La diablocratie ou le gouvernement par le Diable est xénophobe et génocidaire des noirs. L'esclavage et la colonisation sont les produits de la diablocratie qui ont impacté négativement le monde, le continent noir en particulier.

Cet examen de quelques évènements historiques qui ont impacté le monde entier au cours des différents âges, révèle des choses bouleversantes sur la personnalité du Chef du monde satanique. Elles se résument comme suit :

Il est très difficile de savoir en quoi consiste la composition du gouvernement diablocratique, car Satan cache tout à ses sujets humains, jusqu'à son existence qu'il rend fictive. Il se pourrait qu'il n'existe même pas un gouvernement, étant donné le caractère et la personnalité du chef. C'est un désordonné de premier ordre. Les renseignements que nous détenons sur lui et ses actions proviennent principalement de la Bible, des observations, des déductions et des témoignages.

- Satan le Diable, le Chef du présent monde méchant, est un Jaloux, un Menteur, et un Homicide.

- Il est immoral, violent et terroriste.
- Il s'oppose à l'objectif de Dieu de remplir la terre d'humains et déciment la population mondiale de différentes manières : guerres, rebellions, maladies, empoisonnement, catastrophes naturelles, accidents, etc.
- Il est à l'origine des fausses religions pratiquées à Babel, à Babylone et à Babylone la Grande aujourd'hui. Les fausses religions sont disséminées dans le monde entier, dans le but d'aveugler les humains par le mensonge, de les amener à marcher contre la vérité et de les tenir éloignés de Dieu.
- Il est à l'origine de la théorie de l'évolution qui prétend avoir prouvé l'inexistence d'un Dieu Créateur de l'Univers, et qui divise l'espèce humaine en deux sous-espèces : le Noir ou homme-singe et le blanc ou homme moderne.
- Satan est un conquérant xénophobe et génocidaire des noirs.
- Sa gouvernance est belliqueuse, sanguinaire et raciste.
- C'est un être extrêmement méchant, ingrat, cruel et dangereux.
- Il est le symbole de la laideur, de la terreur et de la cruauté.
- Satan le Diable n'est ni sage, ni juste, ni puissant devant Jéhovah.
- Il manque gravement d'amour dans ses relations avec les humains.

Mais ce n'est pas tout. Il est encore plus actif au niveau des Etats, des localités et au près des individus. Dans les chapitres qui vont suivre nous allons continuer notre examen critique de la gouvernance diablocratique des Etats, des localités et des individus.

CHAPITRE VII : Les stratégies de la diablocratie.

Il est très difficile de savoir en quoi consiste la composition du gouvernement diablocratique, car Satan cache tout à ses sujets humains, jusqu'à son existence qu'il rend fictive. Il se pourrait qu'il n'existe même pas un gouvernement, étant donné le caractère et la personnalité du chef. C'est un désordonné de premier ordre. Les renseignements que nous détenons sur lui et ses actions proviennent principalement de la Bible, des observations, des déductions et des témoignages.

Le gouvernement satanique mondial comprendrait :

- un chef : Satan le Diable ;
- des membres : les démons et peut-être aussi les humains ;
- des sujets : les humains et peut-être aussi les démons.

La principale stratégie du Diable consiste à faire croire aux humains qu'il n'existe pas, à semer la confusion et d'en profiter pour provoquer des malheurs. Satan ne sait pas faire le bien. Il ne commet rien que le mal. C'est tout ce qu'il sait faire. Mais il fait croire à ses adeptes, par le mensonge et la duperie, que les œuvres méchantes proviennent de Jéhovah. Inversement, il usurpe la place du Vrai Dieu, Jéhovah et s'attribue les actes d'amour, de justice, de sagesse et de puissance de Celui-ci. Ainsi il détourne, jouit et rayonne faussement, malhonnêtement de l'honneur et de la gloire à la place du vrai Dieu, Jéhovah.

La deuxième stratégie du Diable est de créer des inégalités entre les nations et aux seins des populations, des groupes et parmi les individus pour avoir partout et à tout moment des conditions réunies de conflits qu'il suffit d'exciter pour déclencher des crises de toutes sortes, à volonté.

Après que la population mondiale s'est accrue suffisamment et s'est dispersée à la surface de la terre, Satan le Diable l'a repartie en nations grandes et petites, faibles et puissantes, développées et moins développées. A la tête de chaque nation il a élevé des humains pour gouverner. Satan le Diable se fait le Souverain Jéhovah Dieu, qui intronise ces rois humains.

A tort, presque tout le monde croit que c'est Jéhovah qui élève aux fonctions de dignitaires : Chef d'Etat, Présidents, Rois, Ministres, etc. Or il n'en est nullement le cas. C'est le Diable qui place ses figurines, ses hommes de mains. Le Diable gouverne le monde entier, à travers ces dirigeants humains qui exécutent sa seule volonté. Le comportement des Etats reflète la personnalité de Satan et sa gouvernance diablocratique.

Les nations pilotées par Satan le Diable par l'intermédiaire des marionnettes humaines sont querelleuses, belliqueuses et se rivalisent entre elles. Elles sont prédatrices les unes des autres et se font des guerres meurtrières sans merci pour l'hégémonie mondiale. Les différents régimes politiques : dictature, démocratie, aristocratie, multipartisme et monopartisme, etc. sont des branches de la diablocratie.

Dans les différents conflits qui déchirent le monde, le Diable fait croire faussement à chaque camp que Dieu le soutient et combat à ses côtés et que sa victoire est assurée sur le camp du diable. C'est un gros mensonge. Jéhovah n'est, ni du côté de la Russie, ni du côté de l'Ukraine, il n'est ni du côté d'Israël, ni du côté de la Palestine dans les guerres que ces nations se font en ce moment. Jéhovah a combattu dans l'antiquité uniquement pour défendre ou pour libérer ou pour protéger son peuple d'Israël. Il n'a jamais pris part aux guerres des nations païennes, depuis les temps antiques jusqu'à notre époque moderne.

Par contre, seul le Diable est partout dans les conflits. Il est du côté de toutes les parties en guerre et fait traitreusement de la tragi-comédie. Il aiguillonne les deux camps à se battre. Par exemple, le Diable est à la fois du côté de l'Ukraine contre la Russie et du côté de la Russie contre l'Ukraine. Il est à la fois aux côtés d'Israël et aux côtés de la Palestine, et pousse les deux camps ennemis à se massacrer et faire couler du sang, pour assouvir sa soif de sang humain.

Les nations sataniques sont avares, égoïstes et méchantes les unes envers les autres. Les notions telles que générosité, amour, fraternité, amitié, égalité n'existent pas en réalité dans les relations entre ces Etats. Ces termes sont utilisés uniquement en diplomatie pour amadouer hypocritement. Un ancien Président français a dit : « La France n'a pas d'amis, elle n'a que des intérêts »[26]. C'est donc la loi de la jungle ou le darwinisme social qui s'applique dans les relations bilatérales et multilatérales entre les Etats. Tant pis pour les canards boiteux.

Au plan individuel, c'est comme si Satan et ses démons sont plus nombreux que la population mondiale des humains. Les démons interviennent quotidiennement au près de chacun de nous et nous soumettent à la tentation et à la manipulation à faire le mal. Ils proposent des récompenses aux humains, qui leur obéissent, en échange du mal qu'il leur est demandé de commettre contre des innocents, contre Dieu et ses serviteurs fidèles.

Plus le mal à commettre est grand, plus la récompense est grande. Cela varie de la magie à la richesse matérielle en passant par la célébrité, la réussite en politique, en sport, la réussite professionnelle, en affaires, les arts, la sorcellerie, la magie, etc.

Le mal à commettre en échange de ces fortunes tourne autour de la mutilation et du sacrifice de l'être humain : la perte d'une partie du corps du bénéficiaire, le trafic d'organes humains, le sacrifice humain, le sacrifice de proches parents, l'envoutement, l'affolement, la mort précoce du bénéficiaire après un court instant de jouissance de biens matériels payés de leur vie au Diable, etc. Les

---

[26] François Mitterrand.

jeunes aiment cette dernière option qu'ils baptisent : « Vivre heureux et mourir jeune ».

Ainsi ces riches sont égoïstes et avares, car ils ont payé très cher le prix de leur fortune au Diable qui ne fait pas cadeau. Une fois le contrat scellé avec le Diable, on ne le dénonce pas, sous peine de réaction foudroyante du tyran, qui inflige sans pitié une mort tragique immédiate au contrevenant ou le rend fou ou encore le frappe de toute autre maladie maligne.

Satan pousse également les individus à transgresser les commandements de Dieu en commettant diverses choses qu'il déteste. Ceci dans le but de les éloigner de Dieu, de provoquer sa colère et l'amener à punir et à détruire lui-même ses créatures. Jéhovah est le vrai Dieu. Il sait tout ce qui se trame chez le Diable. Il n'est aucunement pas ébranlé. Il garde son calme et attend le bon moment d'agir.

Afin de maintenir ses sujets humains, qui naturellement recherchent le vrai Dieu, dans les ténèbres spirituelles loin de la connaissance de Dieu, afin de se passer pour le Créateur de l'Univers et de l'homme et recevoir l'adoration, Satan le Diable a inventé des myriades de fausses religions. Usant de mensonges, de tromperies et de duperies, et, falsifiant des versets bibliques, il a mis en place l'empire mondial de la fausse religion qui comprend la presque totalité des religions pratiquées dans le monde. Le but est d'aveugler le monde et l'amener à commettre à grande échelle des blasphèmes, à pratiquer l'idolâtrie.

Satan est l'auteur du slogan populaire qui dit : « Tout chemin mène à Rome », une façon de dire que toutes les religions sont des chemins différents qui mènent à Dieu. Tout le monde ou presque y croit et s'y réfère machinalement, aux moindres occasions. Il n'y a rien de plus faux que cela. Vraiment : « Plus le mensonge est grand, plus facilement il est accepté ». Il ne peut exister qu'une seule vraie religion et il n'existe qu'une seule vraie religion, étant donné l'unicité de la Vérité, de Dieu, un Dieu d'ordre. Mais Satan le Diable cultive et entretient l'ignorance et la naïveté chez les nombreux adeptes des fausses religions pour les égarer loin du culte pur qu'ils devraient rendre au seul vrai Dieu Jéhovah. Mais jusqu'où ira Satan le Diable avec sa méchanceté inqualifiable et ses enchainements de mensonges ?

CHAPITRE VIII : La gouvernance théocratique à travers les âges

La gouvernance par Dieu ou la théocratie, a-t-on besoin de le dire, est d'emblée la meilleure qui soit, car elle est parfaite et se situe à l'antipode de la gouvernance diablocratique. A ce titre, est-il encore besoin de faire son examen critique et de le comparer à une autre gouvernance ? Non, car en réalité aucune autre gouvernance ne saurait soutenir une comparaison avec la théocratie, car elle est parfaite. Mais en raison du problème juridique universel qui se pose et rend la situation critique et confuse sur la terre parmi les humains, cet exercice est nécessaire pour une claire compréhension de la justice divine parfaite.

Contrairement à Satan le diable qui cache son nom et son existence nuisible pour manipuler l'humanité dans l'ombre, Jéhovah-Dieu se présente dès le début publiquement comme le Seul Dieu-Créateur de tout l'Univers et révèle son nom et son lieu de résidence à ses sujets[27]. Nous sommes donc la propriété, les enfants légitimes de Jéhovah. En bon père qui éduque bien ses enfants, Jéhovah renseigne et enseigne les humains, sur ce qu'il a créés, sur l'origine et le but de l'existentialisme, sur le comment et le pourquoi des choses qui les entourent. Il leur donne des conseils sur le savoir-faire et le savoir vivre ensemble, pour que tout aille bien pour la famille humaine sur la terre. Il les a dotés d'un puissant cerveau ayant une grande capacité pour qu'ils apprennent, découvrent et accumulent indéfiniment des connaissances de l'Univers.

Il a consigné dans un grand livre appelé Bible tout ce que les humains ont besoin de savoir pour vivre en paix entre eux et en harmonie avec le reste de la création. Il a rendu la bible disponible et accessible dans tous les pays du monde et dans presque toutes les langues pour que chaque habitant de la terre puisse y avoir facilement accès.

---

[27] Isaïe 42 : 8 ; 1Roi 8 : 49.

D'après la Bible, à l'origine, Dieu communiquait directement et régulièrement avec l'homme pour le guider et l'amener à vivre en accord avec sa volonté, en exploitant rationnellement la terre. Alors celle-ci toute entière deviendrait un paradis. Ce fut une gouvernance théocratique de toute l'humanité, jusqu'au moment où la rébellion de Satan a fait son ingérence et a amené l'homme à désobéir à Dieu, pour tout dilapider.

Cette rébellion qui a commencée au jardin d'Eden a caché son vrai mobile qui est l'ambition personnelle démesurée. Elle s'est étendue à la terre avec des allégations mensongères. Satan le chef Rebelle prétendait que Jéhovah-Dieu est un mauvais dirigeant, qu'il domine l'homme à son détriment, et que lui, Satan à la place de Dieu, l'homme sera mieux gouverné et sera comme Dieu.

Il poursuit en alléguant qu'il est capable de détourner et d'entrainer toute l'humanité derrière lui, de sorte qu'aucun humain ne restera pour servir Jéhovah, si seulement celui-ci lui accorde le temps nécessaire pour le prouver. Jéhovah, le juge parfait, consentit à la demande du Rebelle Satan le Diable, car l'affaire doit être jugée à la perfection, afin que la sentence qui sera prononcée soit sans appel et serve de précédent juridique universel.

Dès lors s'ouvre une longue période du bicéphalisme mondiale au cours de laquelle Satan le Diable et Jéhovah-Dieu prouveront la supériorité de leur gouvernance théocratique et diablocratique. Nous avons constaté dans le chapitre précédent un étalage calamiteux des réalisations de la gouvernance diablocratique. Examinons à présent la gouvernance théocratique, ce qu'elle a fait dans le passé, ce qu'elle fait aujourd'hui et ce qu'elle fera dans l'avenir proche et lointain.

La théocratie est ordonnée, elle est une et indivisible.

Depuis le commencement et jusqu'aujourd'hui, il n'a toujours existé qu'un seul peuple et une seule Nation de Dieu sur la terre. Ainsi le veut Jéhovah le Grand Théocrate et Organisateur. C'est ainsi que :

- Il a créé **un seul couple humain** pour peupler la terre avec **une seule** famille humaine.
- Après que le péché est entré dans le monde, et par lui l'imperfection et la mort, Jéhovah a sauvegardé l'espèce humaine d'une destruction complète par le déluge universel, à travers **une seule famille, celle de Noé** qu'il a épargnée pour repeupler la terre.
- Il a suscité sa Nations d'Israël à partir **d'une seule lignée d'hommes obéissants** : Abraham, Isaac et Jacob.
- De nos jours et dans l'avenir, c'est **par un seul homme, Jésus-Christ,** que les humains peuvent se réconcilier avec Dieu et devenir à nouveau ses enfants.

Cette unicité et unité de la nation de Dieu va de pair avec l'unicité et l'unité du vrai culte :

- Pour garantir l'intégrité de la vraie religion dans l'antiquité, Jéhovah a consigné dans un document écrit sa parole et a suscité des prophètes et des prêtres pour l'enseigner à tout son peuple.
- De nos jours sa parole consignée dans la Bible est enseignée à son peuple et à tous les humains qui acceptent d'être enseignés.
- Tous ses serviteurs sont des enseignants de sa parole sous la direction céleste de Jésus-Christ et de son unique organisation terrestre, la Watch Tower Bible and tract Society.

Vraiment Jéhovah n'est pas un Dieu de désordre, mais un Dieu d'ordre et de paix.

Dieu aime tout ce que sa main a créé, en particulier l'homme, son image. En plus, il est juste, sage et puissant.

Avant la création de l'homme, Jéhovah a réuni puissamment toutes les conditions paradisiaques de vie humaine parfaite sur la terre[28]. Après la déchéance d'Adam, Homme parfait, Jéhovah prit immédiatement des dispositions pour rétablir, en toute justice, une humanité parfaite et pour compenser tous les préjudices causés par la rébellion de Satan le Diable.

Ce rétablissement de l'homme dans des parfaites conditions originelles coûte très cher à Dieu, car la parfaite justice exige une rançon équivalente à celle de l'âme parfaite Adam détruite. Une telle valeur n'existe pas sur la terre. Jéhovah offrit sagement, avec amour et justice la vie parfaite de son Fils unique et Co-créateur de l'Univers, en sacrifice pour sauver l'humanité. C'est la plus grande preuve d'amour, de sagesse et de justice qui puisse exister dans tout l'Univers.

Dès lors, la perfection et la vie éternelle est à la portée de tous les humains grâce à ce sacrifice de Jésus. Jéhovah-Dieu, l'Amour et la Vérité supplie tout le monde d'en profiter gratuitement. Bientôt le péché, l'imperfection et les mauvais esprits, qui aujourd'hui empêchent les humains de voir les bonnes œuvres de la gouvernance théocratique, ne seront plus. Les humains qui le veulent bien, seront les sujets de ce royaume. Ils survivront à la destruction imminente du monde méchant et entreront au paradis où :

- les démons ne seront plus là pour les tourmenter[29];
- le mensonge ne sera plus là pour cacher la vérité ;
- il y aura abondance de nourriture[30] ;
- la maladie et la mort ne seront plus[31] ;

---

[28] Genèse 1 : 1-19 ; 2 : 15.
[29] Apocalypse 20 : 1-3.
[30] Matthieu 14 : 15-21.
[31] Apocalypse 21 : 4.

- les morts seront ressuscités[32] ;
- l'analphabétisme et l'ignorance ne seront plus ;
- il n'y aura plus les armes de guerre, la guerre et les combattants[33] ;
- il n'y aura plus de sinistre[34] ;
- il n'y aura plus de méchanceté ;
- L'amour abondera.

Lorsque Jésus était sur la terre il en a fait la démonstration pour prouver ce qu'il est capable de faire en tant que Chef de l'humanité, en :

- chassant les démons ;
- fournissant à manger à la foule;
- guérissant les malades;
- ressuscitant les morts ;
- refusant à ses disciples de se battre pour lui ;
- ordonnant aux forces de la nature de cesser leurs actions épouvantables et dévastatrices ;
- Par amour il a offert sa vie pour le pardon de nos actions méchantes et pour que nous ayons la vie éternelle.
- Il est mort et ressuscité.

---

[32] Jean 5 : 28, 29.
[33] Psaumes 46 : 9.
[34] Matthieu 4 : 36-41.

CHAPITRE IX : De quel côté vous mettriez-vous ?

La gouvernance diablocratique et la gouvernance théocratique sont deux entités disjointes. Il n'y a pas de point commun entre ces deux gouvernances, pas même un seul, ni un rapprochement. L'intersection entre l'ensemble des œuvres de Dieu et l'ensemble des œuvres du Diable est l'ensemble vide. La diablocratie évolue sur l'axe négatif et s'enfoncent toujours dans le mal, ce qui signifie qu'elle n'a rien et n'aura rien de bon à offrir à l'humanité, tandis que la théocratie est sur l'axe positif et comble les besoins légitimes de tous ses sujets.

Pire encore la diablocratie n'a pas d'avenir. Bientôt le Diable va être mis en prison pendant 1000 ans avant d'être exécuté. Pendant ce temps Jésus, le chef du Gouvernement théocratique régnera seul sur toute l'humanité pour régler tous les problèmes engendrés par 6000 ans de rébellion et de gouvernance diablocratique, avant de remettre le royaume à son père, Jéhovah Dieu le Grand Théocrate, l'infiniment Grand Roi, le Roi d'éternité.

Pour permettre de voir clair et de faire un choix raisonné, synthétisons et récapitulons les œuvres de la gouvernance théocratique et les œuvres de la gouvernance diablocratique dans le tableau comparatif ci-après, qui n'est pas exhaustif, mais qui peut être compléter.

Tableau comparatif des œuvres des gouvernances Diablocratique et théocratique.

Eléments de la bonne gouvernance	La gouvernance théocratique	La gouvernance diablocratique
Légitimité	Jéhovah seul a tout créé. Lui seul détient la **légitimité** sur tout ce qui existe.	Le Diable est un rebelle qui n'a aucune **légitimité.**
Moralité des souverains chefs	Jéhovah-Dieu est **amour, sage, juste et puissant**	Satan le Diable n'est ni amour, ni sage, ni juste, ni puissant devant Jéhovah. Il est tout le contraire de Jéhovah-Dieu.
	Jéhovah est un Dieu d'ordre qui n'a toujours qu'un **seul peuple uni sur la terre et l'a doté d'une seule religion vraie.**	Le Diable est un **générateur de désordre** qui a inégalement divisé la terre en plusieurs nations dressées les unes contre les autres, et a généré une multitude de fausses religions qui embrouillent les humains.
	Jéhovah est **altruiste**. Il n'a pas hésité à sacrifier son propre fils pour sauver l'humanité ingrate.	Le Diable **n'aime pas les humains.** C'est un sale homicide qui s'abreuve et abreuve ceux qui le suivent du sang humain.

Tableau comparatif des gouvernances Diablocratique et théocratique (Suite).

Eléments de la bonne gouvernance.	La gouvernance théocratique.	La gouvernance diablocratique.
Moralité des souverains Chefs (suite).	Jéhovah-Dieu est **irréprochable** dans toutes ses actions et dans tous les domaines.	- Satan ne sait pas faire le bien et ne commet rien que le mal en grand nombre. - Il amène les humains à pratiquer des choses contre nature que Dieu déteste. - Il est à l'origine de toutes les tragédies mondiales. - Il est l'auteur des fausses religions. - Satan le Diable, manipule les humains et s'oppose à l'objectif de Dieu de remplir la terre d'humains. - C'est un être extrêmement méchant, ingrat et dangereux. - Il est immoral, violent et terroriste. - Il n'a pas un code de conduite pour ses sujets humains. - C'est un lunatique sans domicile fixe qui vit dans des lieux rendus lugubres par sa présence. Par exemples : les cimetières, les cours d'eau, les lacs, sous les ponts, les forêts, les grottes, etc.

Tableau comparatif des gouvernances Diablocratique et théocratique (Suite)

Eléments de la bonne gouvernance	La gouvernance théocratique.	La gouvernance diablocratique.
Les qualités des souverains Chefs.	Jéhovah est la **vérité**.	- Satan le Diable est un **menteur et père du mensonge.** - Il cache son existence calamiteuse aux humains et attribue ses œuvres désastreuses à Jéhovah. - **Grand filou**, il pirate les œuvres élogieuses du Créateur à son propre compte. - Il se cache derrière les humains, les organisations, certains animaux, tels le serpent, le hibou, le chat, etc. pour poser des actes horribles et nuisibles à l'humanité. - Il a fomenté le grand mensonge occidental qu'est la théorie de l'évolution des espèces. - Il a aveuglé l'humanité par le mensonge et les fausses religions.

Tableau comparatif des gouvernances Diablocratique et théocratique (Suite et fin).

Eléments de la bonne gouvernance	La gouvernance théocratique.	La gouvernance diablocratique.
Siège et membres du gouvernement	Le siège du gouvernement théocratique est au ciel. Jésus-Christ est le chef. Le gouvernement est multiracial comprend 144000 membres choisis de la terre et dans toutes les nations par Dieu. Il règne sur un peuple uni et unique disséminé sur toute la surface de la terre.	Le gouvernement diablocratique est inexistant ou clandestin. Il n'y a aucune indication sur le siège et les membres. Un désordre chaotique règne tant au niveau gouvernemental qu'au niveau des gouvernés constitués par des gens de toutes les Nations du monde.
Compétence et perspectives d'avenir à court terme	Jésus-Christ, le Chef du Gouvernement théocratique descendra bientôt sur la terre avec son armée d'anges pour : - détruire les œuvres de Satan y compris les humains qui le suivent ; - attraper Satan et ses démons pour les emprisonner pendant 1000 ans ; - Rétablir le paradis sur la terre ; - Ressusciter les morts ; - Régner sur toute la terre et y apporter de nombreux bienfaits.	Destruction des œuvres et des humains qui continuent suivre et de soutenir la diablocratie ;
Compétence et perspectives d'avenir à moyen terme	Au bout de 1000 ans, tous les sujets du royaume sont bien enseignés et ont une bonne connaissance du royaume et de la volonté de Jéhovah. Ils sont rendus parfaits comme Adam à l'origine et subiront une épreuve finale semblable à celle qu'Adam a subi : Chacun choisira librement, en connaissance de cause, d'être gouverné par le royaume de Jéhovah. Ceux qui vont suivre à nouveau Satan le Diable subiront la destruction éternelle.	Emprisonnement des chefs invisibles de la diablocratie, Satan et ses démons pendant 1000 ans.

Compétence et perspectives d'avenir à long terme	La vie sans fin dans des conditions paradisiaques.	Destruction éternelle de Satan, de ses démons et des humains qui continuent de les suivre. ;

Le tableau ci-dessus montre un aperçu des manifestations d'amour de Jéhovah et de la méchanceté inqualifiable du diable, en tant que Chefs de l'humanité. Nous constatons qu'autant le ciel est éloigné de la terre, la théocratie est très au-dessus de la diablocratie. Cette dernière est une très grave tragi-comédie qui a soumis l'humanité à la futilité et aux souffrances pendant très longtemps.

Nous vivons en ce moment dans un système de bicéphalisme mondial où nous soutenons un camp contre l'autre, sans le savoir pour la plupart d'entre nous. Mais direz-vous : dans ce cas, que faire pour se libérer du piège diabolique et s'en sortir ? Les renseignements très sommaires contenus dans ce livre indiquent qu'il nous faut nous remettre en cause : nos connaissances, nos idéologies, nos convictions, nos religions, bref une révolution dans tous les domaines refaire un choix réfléchi et raisonné d'appartenance à deux modes de gouvernance : la gouvernance théocratique et la gouvernance diablocratique.

Ceux qui veulent savoir d'avantage sur ce sujet, le plus importante de l'heure et de tout l'Univers, sont conviés à s'adresser aux Témoins de Jéhovah de leur voisinage. Ceux-ci se feront le plus grand plaisir de les informer en détails, avec des preuves à l'appui, sur les gouvernances théocratiques et diablocratique, ce qu'il faut faire pour se libérer du piège de Satan le Diable et parvenir à trouver la liberté glorieuse des enfants de Dieu.

CONCLUSION

Nous venons d'avoir un aperçu de l'univers œuvre du Grand Génie-Créateur, sous ses aspects physiques et spirituels. Ces deux aspects sont indissociables. Le monde spirituel exerce une grande influence sur le monde physique, en particulier sur l'humanité dirigée provisoirement par deux chefs spirituels : Satan le Diable et Jéhovah-Dieu. En effet, très peu de temps après une gouvernance théocratique paradisiaque, l'humanité, l'humanité a sombré dans un bicéphalisme. Celle-ci est divisée en deux organisations :

- l'organisation de Dieu et
- l'organisation du Diable,

et ces deux organisations sont en perpétuels conflits entre elles.

Satan le Diable est un rebelle extrêmement méchant, entêté, cruel et dangereux dressé contre les humains et contre Jéhovah-Dieu. Il est le Chef retors de ce monde. Il a beaucoup d'adeptes sur la terre et est même reconnu par Jésus-Christ comme le Chef de ce monde[35]. C'est que Jéhovah l'a mis au défi de prouver ses prétentions d'être le meilleur chef de l'humanité et d'être capable de détourner tous les humains sans qu'aucun ne serve Dieu. A cet effet Jéhovah lui a presque tout permis et l'a laissé toute la liberté d'agir.

Ainsi, en toute justice et sagesse, Jéhovah l'a laissé tout le temps et toute la latitude d'agir à sa convenance. Il se révèle que Satan est un chef qui cause et entretient l'ignorance chez ses sujets pour exploiter leur inexpérience et leur naïveté, à leur détriment.

Très sournois, il ne se fait pas connaître à ses sujets qui ignorent son existence et son influence maléfiques. Ainsi ils ne font aucunement pas attention à lui et lui

---

[35] Jean 12: 31 ; Jean 14 : 30.

attribuent, à torts, toutes choses bonnes, mais toutes choses mauvaises ils les attribuent à Jéhovah.

Ainsi par le mensonge, la tromperie, la flatterie et la duperie, Satan a mis en place des choses et posé des actes cruels contre les humains et contre Dieu, de sorte que la méchanceté sur la terre s'est amoncelée et a atteint de nombreux sommets incommensurables. Au moyen d'un enchevêtrement de mensonges renforcés par la flatterie et la duperie, il a réussi un tissage de filets de mensonge aux mailles fines pour capturer tous les humains.

Il a pris dans son filet mensonger et a gagné de son côté presque tous les humains avec toutes leurs organisations nationales et internationales, leurs religions, leurs fêtes, leurs us et coutumes. Les pauvres humains sont pour ainsi dire pris au piège, victimes des supercheries diaboliques à tous les niveaux et omniprésents, et sans le savoir ils vouent un culte au Diable leur grand ennemi, et attristent leur Créateur.

De son côté Jéhovah se présente comme le Souverain Créateur de tout l'Univers, le Dieu d'amour, sage, juste, bon et puissant, tout ceci à la perfection. Qu'il ait créé l'homme en dernier lieu, de façon spéciale et à son image, cela est une preuve suffisante de son amour et de son affection pour l'humanité. Avant de créer l'homme et de le placer sur la terre, il a fallu d'abord créer toutes les conditions d'une existence confortable et d'une vie heureuse à cette unique créature intelligente de notre planète.

Et quand l'homme à fait défection au jardin d'Eden, par sa propre faute, en obéissant à Satan le Diable, et qu'il a tout perdu pour lui et sa descendance, Jéhovah a pris des dispositions stoïques pour rétablir l'homme dans ses conditions originels, même si cela devrait coûter la vie parfaite de son cher fils soumis et obéissant, ainsi qu'un temps très long du point de vue de l'homme.

Il a, pour ainsi dire, payé la rançon avec la vie parfaite de son Fils Jésus, en échange de la vie parfaite qu'Adam avait perdue. **Sur la base de cette transaction juste et émouvante, il supplie les humains de se réconcilier avec lui et d'avoir la vie éternelle. Il ne force pas, c'est à chacun de décider individuellement et librement[36].**

Dans l'antiquité il a bien organisé, dirigé, et gouverné le peuple d'Israël, malgré l'entêtement et la faiblesse notoires de ce peuple. Quand, au premier siècle, son Fils unique Jésus-Christ était sur la terre en mission spéciale de donner sa vie parfaite pour sauver l'humanité et pour se présenter à elle comme son futur chef, il a fait des démonstrations sur une petite échelle de ce qu'il fera quand il sera Roi. Il a transformé l'eau en vin, guéri les malades, ressuscité les morts, Imposé aux démons de se taire, Marché sur l'eau, ordonné à la tempête de se calmer, etc. Ayant constaté ses compétences et ses qualités, le peuple voulait le faire Roi[37], offre qu'il déclina car ce n'est pas encore le moment et ce n'est pas ainsi qu'il sera fait Roi.

Depuis le début du 20ème siècle de notre ère, Jésus règne du ciel en tant que Roi sur ses sujets terrestres. Bientôt il descendra sur la terre pour attraper, ligoter et emprisonner Satan et ses démons pendant 1000 ans, ainsi que pour détruire toutes leurs œuvres méchantes y compris les humains qui s'obstinent et négligent l'amour et les supplications de Jéhovah Dieu qui les invitent à se réconcilier avec lui.

A notre époque moderne Jéhovah a une Nation sur la terre, dont la population est composée de gens de tous les pays du monde, toutes les races, toutes les langues toutes les tribus. Elle s'accroît très rapidement[38], car en ce temps de la fin, des personnes de toute origine affluent vers l'organisation de Jéhovah. Ces

---

[36] Deutéronome : 30 : 19.
[37] Jean 6. : 15.
[38] Isaïe 60 :22.

personnes, qu'elles ont été contactées par les Témoins de Jéhovah ou non, répondent à l'invitation pressante, insistante et suppliante de Jéhovah de venir se réconcilier avec lui.

L'existence terrestre et juridique de cette Nation de Dieu est connue sous le nom de Société « Watch Tower Bible and Tract Society ». Elle dirige l'enseignement de la vérité biblique sur toute la terre, de sorte que tous les sujets du royaume sont au même niveau de connaissance et de pratique de la vérité.

Jésus sera le seul Roi sur toute la terre. Bientôt il n'y aura plus de bicéphalisme mondial, car ce vieux monde de Satan aura disparu avec sa cargaison de mensonges, de méchancetés et de malheurs. Les humains vivront heureux dans d'excellentes conditions sans influences des démons, de leur imperfection et d'un monde méchant.

Au bout de 1000 ans ils deviendront parfaits comme Adam. Alors chacun, dans les conditions d'Adam, montrera individuellement son obéissance à Dieu. Satan et ses démons seront libérés de la prison et iront tenter chaque habitant du Paradis en le soumettant à une épreuve similaire à celle qu'Adam a subi au jardin d'Eden. Ceux qui passeront l'épreuve avec succès recevront de Dieu la vie éternelle, les autres qui suivront à nouveau Satan dans sa rébellion subiront la destruction éternelle.

Jésus ayant ainsi éliminé toute trace et tout souvenir de Satan et de sa rébellion sur la terre, remettra le royaume à son père. La théocratie ainsi restaurée pleinement durera éternellement et apportera de grands bienfaits aux humains. L'humanité parfaite rejoindra le reste de l'univers et glorifiera Dieu par l'obéissance, la beauté et l'harmonie parfaites.

Ainsi l'Univers inoxydable, c'est-à-dire la Vérité immuable et éternelle, Jéhovah-Dieu triomphera de tout ce qui voulait l'entraver de réaliser tous ses desseins nobles. Bravos Jéhovah qui triomphe élégamment du Mal par le Bien, sans transiger à tes principes justes, pleins d'amour de sagesse et de puissance.

Glorifiez Jéhovah, chantez à Jéhovah des chants de louanges et de victoire, car sa victoire consommée est certaine sur Satan le Diable pour le bonheur de l'humanité.

De quelle côté vous mettriez-vous ? Du côté de Satan le Diable qui n'est pas votre Créateur, qui ne vous a jamais offert gratuitement quelque chose de bon, qui n'a rien de bon à vous offrir, qui vous fait souffrir, vous massacre, par jalousie contre Jéhovah votre Créateur qu'il ne peut pas atteindre ? Il vous roule dans la farine et se moque de vous. A chacun, individuellement et librement, son Choix. Cependant vous êtes suppliés : **Pardon, quittez le camp fautif, faible et dangereux de ce conflit, oui le camp de Satan le Diable, et réconciliez-vous avec Jéhovah votre Créateur.**

Vous qui vous montrez sensible à l'amour de Jéhovah et acceptez son invitation à la réconciliation, veuillez vous adressez aux témoins de Jéhovah de votre voisinage ou allez sur le site de la société Watch Tower Bible and Tract Society au JW.org pour vous renseigner sur les conditions et les formalités à remplir pour entrer dans le royaume de Jéhovah, l'infiniment Amour, Sage, Juste et Puissant, votre Dieu, votre Créateur et votre Père qui vous aime intensément.

PUBLICATIONS DU MÊME AUTEUR

- La République Centrafricaine avant, pendant et après la colonisation française ;

- La République Centrafricaine, 50 ans après l'indépendance ;

- La République Centrafricaine au terminus d'une voie sans issue ;

- La République Centrafricaine, après indépendance est égale à avant indépendance ;

- Etude de la rentabilité de la culture cotonnière à Bocaranga ;

- Le Coronavirus et le réveil de l'Afrique Noire ;

- Fin prochaine du bicéphalisme mondial.

- La tragédie de l'humanité aveuglée par le mensonge.

- Descendons-nous vraiment des singes par évolution organique ?

- La vérité triomphale.

RÉFÉRENCES BIBLIOGRAPHIQUES

- Bible, traduction du monde nouveau :

Romain 1:20 ; Psaumes 111:7 ; 2 Corinthiens 4:3-4 ; Matthieu 4:14 ; Jean 8:44 ; Jean18:37 ; Jean 3:16 ; Jean 14:6-10 ; Romain 2:14,15 ; Ezékiel 13-17 ; Révélation 12:7-12 ; Genèse 3:1-5 ; Genèse 3:4 ; Job 1:6-22 ; Genèse 3:12-20 ; Isaïe 42:8 ; 1Roi 8:49 ; Genèse 1:1-19 ; 2:15 ; Apocalypse 20:1-3.

Matthieu 14:15-21 ; Apocalypse 21:4 ; Jean 5:28, 29 ; Psaumes 46:9.

- *Fin prochaine du bicéphalisme mondial ;* par LAOUBAÏ André, 2021.
- *La force d'aimer ;* par le pasteur noir américain Martin Luther King, 1960.
- *La tragédie de l'humanité aveuglée par le mensonge;* par LAOUBAÏ André, 2022.

- Descendons-nous vraiment des singes par évolution organique ? par André LAOUBAÏ, Février 2024.

TABLE DES MATIÈRES

Buy your books fast and straightforward online - at one of world's fastest growing online book stores! Environmentally sound due to Print-on-Demand technologies.

Buy your books online at
www.morebooks.shop

Achetez vos livres en ligne, vite et bien, sur l'une des librairies en ligne les plus performantes au monde!
En protégeant nos ressources et notre environnement grâce à l'impression à la demande.

La librairie en ligne pour acheter plus vite
www.morebooks.shop

Printed by Books on Demand GmbH, Norderstedt / Germany